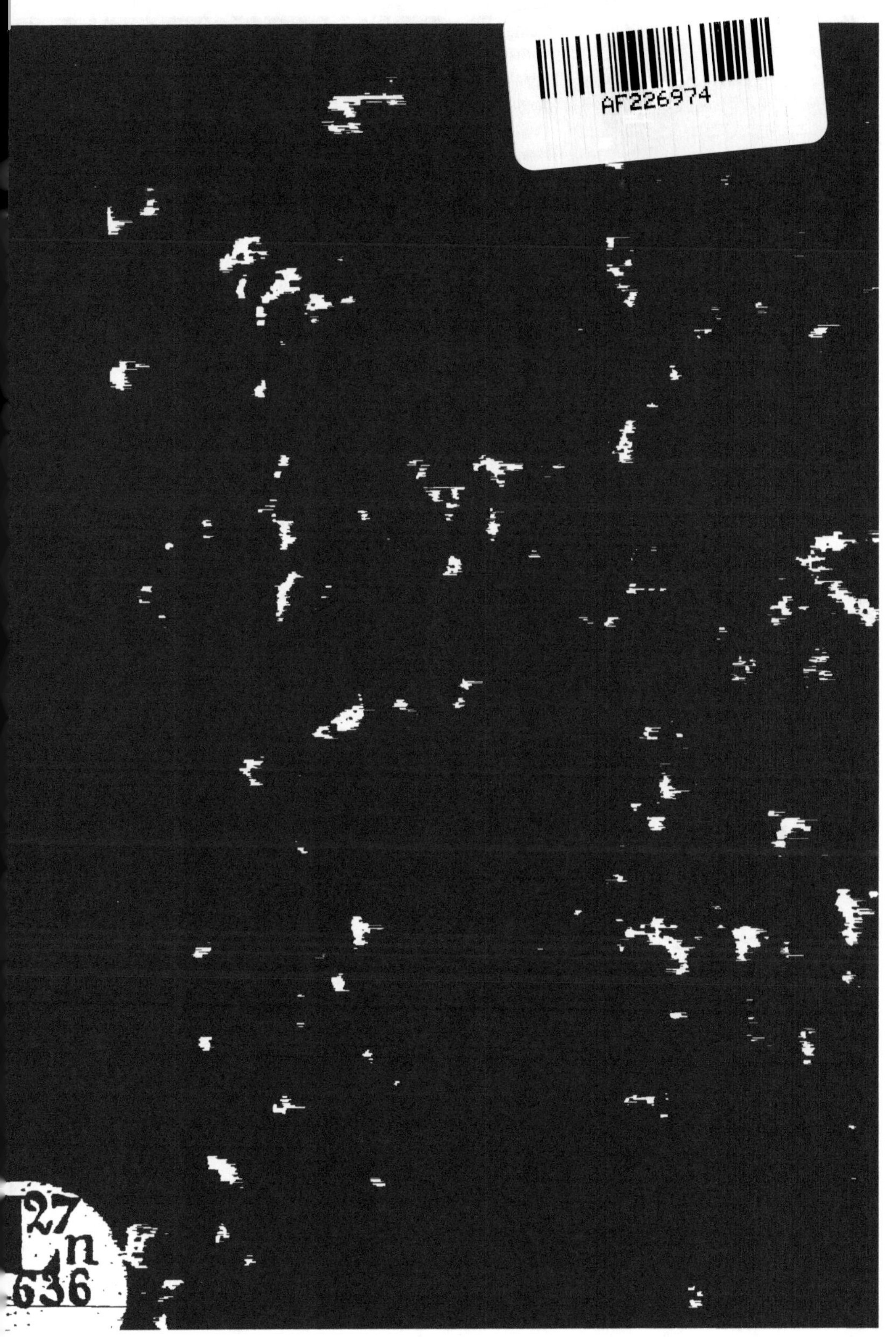

A LA

MÉMOIRE RELIGIEUSE

DE

M. BERRYER

PARIS. — IMP. V. GOUPY, RUE GARANCIÈRE, 5.

A LA
MÉMOIRE RELIGIEUSE

DE

M. BERRYER

PAR

LE R. P. DE PONLEVOY

De la Compagnie de Jésus

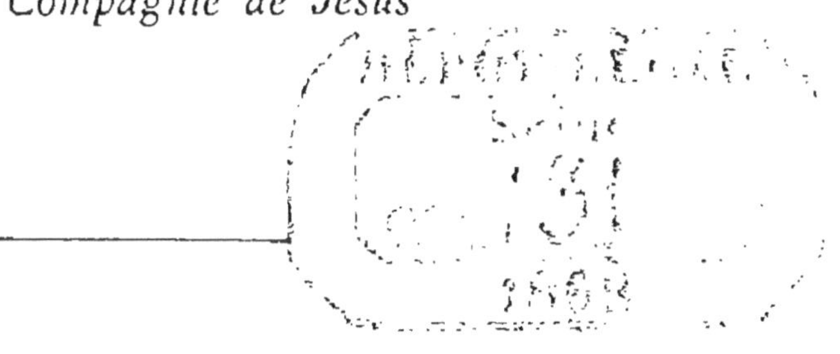

PARIS

JOSEPH ALBANEL, LIBRAIRE

RUE DE TOURNON, 15

1868

CET HOMMAGE

A ÉTÉ RENDU A LA MÉMOIRE DE

M. BERRYER

DANS LA LIVRAISON DE DÉCEMBRE

DES

Études religieuses, historiques et littéraire

PAR DES PÈRES DE LA COMPAGNIE DE JÉSUS.

A LA

MÉMOIRE RELIGIEUSE

DE

M. BERRYER

———

M. Berryer écrivait à un prêtre : « A vous et en toute confiance je parle comme devant Dieu; à vous sans rougir j'avoue tous mes torts. » Qr, ce confident, le plus intime de tous, ne peut-il pas, à cette heure, être un témoin véridique? Et pourquoi ne dirais-je pas ce que je sais? Aussi bien, la mort vient de rompre, au moins en partie, le sceau sacré apposé sur mes lèvres. D'ailleurs, M. Berryer a toujours porté le front levé et le cœur ouvert ; il parlait comme il pensait ; il croyait donc aussi tout haut et, s'il ne faisait point parade de sa religion, certes, bien moins encore en faisait-il mystère. Une des pieuses devises adoptées par lui-même pour son sanctuaire d'Augervile, c'est cette franche et noble maxime du prophète : *Credidi propter quod locutus sum*. En vérité, mon secret n'est plus à moi. M. Berryer s'est plus que jamais révélé lui-même en face de la mort, et son dernier mot au seuil de l'éternité a été une profession de foi.

Mais, si je puis parler, ne dois-je pas le

faire? Oui, si je ne me trompe, je le dois
à la religion d'abord; et n'est-ce pas une
justice enfin de lui rendre ce qui lui re-
vient!

Je le dois encore à cette famille religieuse, qui est la mienne, et dont M. Berryer fut, dans tous les temps, l'ami sin-
cère et le courageux défenseur. Et lui
aussi, quoi qu'on en dise, n'était-il pas
du nombre de ces athlètes de la liberté et
de la conscience pour lesquels le R. P.
Roothaan, alors général de la Compagnie
de Jésus, écrivait au P. de Ravignan :
« C'est au nom de toute la Compagnie
que je leur exprime ma reconnaissance.
En parcourant nos annales, nous pouvons
bien trouver quelques exemples d'un dé-

voûment semblable, mais je n'en connais
pas qui le surpasse. Je demande à l'Auteur
de tout bien, qui seul peut leur inspirer
l'héroïque courage avec lequel ils défen-
dent, dans les jours mauvais, notre cause
et celle de l'Église, de suppléer à notre
impuissance et de répandre sur eux
l'abondance des grâces de choix. »

Je le dois aussi au P. de Ravignan. Un
jour, comme il allait passer de ce monde,
il voulut, de sa main mourante, me lé-
guer une âme si chère : aujourd'hui je ne
fais que lui remettre le dépôt qu'il m'avait
confié.

Enfin je le dois à M. Berryer lui-
même. Assurément la gloire ne lui a

point manqué. Mais enfin, toutes ces gloires d'en bas, force est bien de les laisser avec la vie. Eh bien! je veux lui en décerner une meilleure, celle qu'on emporte avec soi dans l'éternité. Et voilà qu'on pourra dire aussi de lui ce qu'on disait de son vénérable ami : *Defunctus adhuc loquitur,* son éloquence l'a suivi jusque dans la mort.

M. Berryer semble s'être peint lui-même dans un trait de sa naïve enfance. C'est de sa bouche que j'ai recueilli ce lointain détail. A l'époque de sa première communion, il avait assisté au catéchisme de la paroisse, mais à sa manière, avec un peu de paresse et beaucoup de légèreté: si bien qu'au jour de l'examen décisif, le directeur crut devoir lui signifier qu'il n'y aurait point de première communion, parce qu'il n'y avait point eu de préparation. Sous le coup de cette peine, la plus grande de toutes, l'enfant se désole, conjure, promet; mais c'est en vain : tout ce qu'il obtient, c'est de suivre la retraite préparatoire afin de mieux profiter à l'avenir. Or, durant cette retraite, comme on faisait un jour une espèce de répétition pour s'exercer à la cérémonie prochaine, c'est précisément lui qu'on désigne pour réciter, au nom de tous les autres, les actes d'usage avant et après la communion. Il commence, mais il n'achève pas; bientôt son émotion devient si vive et à la fois si communicative qu'il pleure lui-même et fait pleurer toute la petite assemblée. On le devine assez, l'ex-communication fut levée par le seul fait. A la fin de l'exercice, le directeur, profondément touché lui-même, le prend à part et lui dit : « Mon enfant, vous ferez votre première communion. Vous ne saviez pas votre catéchisme, mais vous le comprenez, et cela vaut mieux. Je pardonne donc à votre tête, grâce à votre cœur. »

En vérité, dans cet enfant, l'homme était déjà tout entier, son caractère, son talent et son histoire. Il y aura des luttes, des alternatives même, mais, enfin, il y aura pleine victoire ; la religion triomphera du cœur, et le cœur emportera tout le reste.

Il est vrai, plus tard, une lacune s'offre à nous dans l'histoire religieuse de M. Berryer ; mais pour la remplir, et résumer une période restée vide, il suffit de cette sublime phrase de l'Église, alors qu'avec une maternelle éloquence, elle plaide pour nous les circonstances atténuantes, au tribunal de Dieu : *Licet peccaverit, tamen Patrem et Filium et Spiritum Sanctum non negavit, sed credidit et zelum Dei in se habuit, et Deum, qui fecit omnia, fideliter adoravit.* « Bien qu'il ait péché, cependant, il n'a point nié le Père, le Fils et le Saint-Esprit, mais il a cru, il a eu le zèle de Dieu et il a fidèlement adoré le Créateur de toutes choses. » Oui, M. Berryer a toujours cru, s'il n'a pas pratiqué toujours ; avec la foi en Dieu, on le sait, il a eu le zèle de Dieu ; sa vie a pu être inconséquente, mais sa conscience ne l'était pas, et de son cœur au fond contrit et humilié, jaillissait cette protestation par laquelle l'homme, en se condamnant lui-même, commence à se justifier devant Dieu.

Du reste, la Providence prépara de bonne heure les voies à la grâce. Le jeune avocat vint à rencontrer un jeune magistrat, à peu près de son âge et tout à fait selon son cœur, qui se nommait alors Gustave de Ravignan. Dès qu'ils se connurent, ils s'aimèrent, car ils se sentaient faits l'un pour l'autre, et c'est, en effet, ramené par la douce et forte main de cet ami de jeunesse, qu'un jour il décrira la fameuse *courbe rentrante qui ramène l'âme à son point de départ.*

Bientôt, cependant, les deux collègues eurent à se séparer. Gustave de Ravignan disparut soudain, caché et comme perdu dans son humble profession, tandis que le jeune Berryer poursuivait sa brillante carrière. Mgr d'Orléans raconte ainsi une scène touchante dont il fut alors témoin, à la Solitude d'Issy : « C'était un diman-che, à l'heure de notre récréation. Nous vîmes arriver de Paris de jeunes magis-trats, des jurisconsultes, des avocats déjà célèbres ; ils venaient réclamer, reprendre celui qu'ils croyaient avoir perdu. » On se souvient comment le débat fut tranché par cette réponse péremptoire : « C'est fini ! » Mais, ce qu'on ne sait pas, sans doute, c'est que le transfuge faillit plutôt entraîner le tentateur. Bien des fois, depuis, M. Berryer a regretté de n'avoir pas suivi le P. de Ravignan : « J'ai manqué mon coup, lui disait-il ; et moi aussi, je devais être prêtre. » Ah ! si *l'avocat déjà célèbre* que Mgr d'Orléans désigne sans le nommer avait passé lui-même du barreau à la chaire, le xixe siècle, qui avait déjà un Bourdaloue, aurait encore eu son Bossuet. Certes, on peut regretter qu'une si grande parole n'ait pas été exclusivement au service de la plus grande des causes.

Après dix ans écoulés, le P. de Ravignan et M. Berryer se retrouvèrent dans des conditions nouvelles et, sans doute, fort disparates, mais, j'ose le dire, d'autant mieux unis qu'ils étaient plus séparés ; à la sympathie d'autrefois et à la communauté des principes, s'ajoutera désormais la réciprocité des services. Le premier, le religieux fit appel à l'avocat. C'était en 1845, la Compagnie de Jésus se trouvait en péril ; une fois de plus, par une persécution contre les Jésuites, on préludait à une révolution. Le 2 mai, eurent lieu, au Palais-Bourbon, les fameuses interpellations dans lesquelles nous étions dénoncés comme une *peste publique que le gouvernement ne pouvait laisser subsister, sans faillir à tous ses devoirs.*

Le lendemain, M. Berryer devait répondre. Dès le matin du 3 mai, le P. de Ravignan se dirigeait vers la rue Neuve-des-Petits-Champs. Le grand orateur se promenait dans sa chambre et se préparait à la lutte de la journée. Le P. de Ravignan se jette à son cou, le remercie d'avance et l'anime par l'espoir d'une récompense auprès de Dieu plutôt que du succès auprès des hommes. « Ah ! sans doute, répond son illustre ami, la cause est perdue, et, cependant, elle sera gagnée. Pour le moment, il n'y a rien à espérer. Je vois d'ici tous les hommes au parti pris d'avance, comme un mur de marbre devant moi. Seulement, je suis indigne d'être l'avocat d'une pareille cause. Ne me remerciez pas, mais priez pour moi. »

M. Berryer avait dit vrai. Les Jésuites perdirent devant la chambre, mais l'orateur gagna devant l'opinion.

Un jour enfin, oh! quelle commune joie! les rôles changèrent, les deux amis se donnèrent des noms nouveaux; M. Berryer dit au P. de Ravignan : « Mon Père! » et celui-ci lui répondit : « Mon fils! » Oui, enfin, il fut donné au religieux de satisfaire le désir de son amitié et de surpasser même le besoin de sa reconnaissance. Ne s'était-il pas engagé lui-même pour cet ami de tous les temps? Peu de mois avant sa mort, il venait de lui écrire, dans la chaleur de son zèle : « Je réponds de vous, âme pour âme. » Or, le 29 mars

1857, il reçut ce dernier mot d'un cœur
qui se rend :

Mon bienfaisant ami et vénéré Père,

« Je me sens, grâce à Dieu, par votre
aide, entré pleinement dans la volonté de
suivre la voie ou vous devez me diriger.
Je ne manquerai pas d'aller m'humilier et
me fortifier devant vous et par vous.
*Auditui meo dabis gaudium et lætitiam,
et exultabunt ossa humiliata.*

« Ma raison et ma conscience sont sa-
tisfaites. Je rends grâce à Dieu et je vous
bénis dans le fond de mon cœur. Gardez-

moi, je vous en conjure, mon bon Père, votre tendre et protectrice affection ; venez-moi en aide, vos conseils et vos encouragements me sont nécessaires.

« Je vous embrasse avec tendresse et n'attends que de vous le calme de ma vie et le repos dans la voie du salut.

« BERRYER. »

A la lecture de cette lettre, le P. de Ravignan tressaille, et répond :

« Mon bien cher ami,

« Votre joie est ma joie, parce que mon

cœur est votre cœur : rendons grâce à
Dieu. Venez, je vous en conjure.

« Je vous embrasse comme un frère
tendrement chéri. »

Après cette conquête qui en couronnait
tant d'autres, l'apôtre parut avoir assez
vécu ; épuisé de forces, tout rayonnant
d'espérance, il s'étendit sur sa couche, et
là, trois mois durant, il ne voulait en-
tendre que Dieu, rien voir que le ciel.
M. Berryer pourtant méritait bien une
exception. Il vint donc. Je n'oublierai jamais tout ce qu'il y eut d'éloquence et de
grandeur dans la scène dont je fus témoin.
Le visiteur, tout en larmes, à deux genoux
auprès du lit, faisait ses adieux avec des

promesses, demandait en suppliant des bénédictions et des prières ; le mourant, de son côté, avec une incomparable tendresse et une autorité surhumaine semblait prêcher encore, et, d'une voix haletante, consolait, encourageait et bénissait.

Au jour des funérailles triomphantes, Mgr d'Orléans, faisant allusion à cette entrevue suprême, après avoir désigné *un des meilleurs et des plus anciens amis du défunt, lui aussi, grand orateur, incomparable,* pourra s'écrier soudain : « Ah ! qu'il me permette de le dire ici, son saint ami, à cette heure, répond de son âme devant Dieu encore plus qu'il n'en répondait sur la terre. »

Eh bien! je le déclare aujourd'hui, oui, le P. de Ravignan est quitte de cette responsabilité si grave et toutefois si douce qu'il avait volontairement assumée devant Dieu et devant les hommes. Depuis cette date bénie de 1858, M. Berryer n'a plus fait défaut au rendez-vous pascal. Une seule fois, il eut besoin d'un rappel. L'accablement des affaires avait causé sans doute un oubli ou un délai. Le pénitent n'était point venu trouver son confesseur, celui-ci alla le chercher. Je pars un matin de bonne heure, je vais droit au n° 64 de la rue Neuve-des-Petits-Champs, C'était une heure indue, mais précisément c'était la mienne. Je force donc la consigne et je trouve M. Berryer en robe de chambre. Il paraît d'abord déconcerté et

un peu contrarié de cette visite presque
agressive ; mais à peine en ai-je énoncé
le motif et l'objet : « Que vous êtes bon,
me dit-il, de penser à moi, et de venir à
moi ! » Et m'ouvrant ses bras, il me
presse, tout ému, contre son cœur. Bientôt, il me fait passer dans son cabinet
dont les murs sont, littéralement, ta-
pissés de chers souvenirs et de saintes
images ; avec une sorte de complaisance
enfantine, il me montre tous ces pieux
détails, et surtout le portrait du P. de
Ravignan à une place d'honneur. Cela
fait, il s'agenouille, et se relève heureux
et fier de son grand devoir accompli.

Veut-on, du reste, savoir quelle pouvait être, au fond, la religion de M. Ber-

ryer? Il est on ne peut plus facile de le dire, car elle était aussi simple que vraie. Souvent, je l'ai entendu lui-même la caractériser en deux traits.

D'une part, il avait la plus profonde conviction de la nécessité de la religion elle-même pour l'individu et surtout pour la société. Sans elle l'individu se dissout dans le scepticisme et l'égoïsme, et la société penche fatalement à la barbarie. D'autre part, il professait une égale conviction de la vérité de l'Église et une soumission absolue à sa divine autorité. Croire ce qu'elle enseigne et faire ce qu'elle commande, c'était à peu près toute sa théologie.

D'ailleurs, M. Berryer n'était point homme à dissimuler sa croyance ou sa pratique. Un de ses amis politiques lui demandait un jour, devant témoins : « Est-ce que vous allez à confesse, vous? — Oui, vraiment, répond aussitôt M. Berryer. — Que vous êtes heureux! dit alors l'interlocuteur. Pour moi, je reconnais bien que la religion est la plus grande et la plus belle chose qu'il y ait au monde ; mais, à qui me prouvera qu'elle est exclusivement divine, je donnerais volontiers la moitié de ma fortune. » En effet, la foi vaut encore plus que cela ; mais, en vérité, elle coûte beaucoup moins. M. Berryer aurait pu clore ainsi le discours : « Quoi qu'il en soit d'une apparente pétition de principe,

dites seulement le *Pater* et l'*Ave*, et surtout, comme moi, récitez le *Confiteor*, et
le *Credo* sortira spontanément de votre
cœur. »

Et, cette année encore, vers la fin du
carême, M. Berryer dînait en tête-à-tête
avec un de nos grands hommes d'État.
Celui-ci vint à lui demander : « Mon
cher Berryer, allez-vous faire vos Pâques ?
— Je crois bien, répondit-il à l'instant ; je
veux même demander à mon confesseur
de les faire deux fois : à Paris, d'abord,
pour mon propre compte, puis à Augerville, pour l'exemple de mes paysans. —
Ah ! que vous avez raison, s'écrie l'homme
d'État. Si nous en faisions tous autant, la
France serait sauvée. » M. Berryer tint

parole; en 1868, il a fait deux fois ses Pâques.

M. Berryer avait donc vécu plein de foi; mais, est-ce que la foi s'est jamais démentie en face de l'éternité? Il est mort plein d'espérance.

Jadis, le lendemain même de la mort de son père, il avait écrit au P. de Ravignan ces lignes filialement chrétiennes :

« Mon ami, j'ai perdu hier mon vieux père; j'ai eu le bonheur qu'il n'est mort qu'après avoir reçu le saint viatique et l'extrême-onction. Mon âme est pleine des plus tendres souvenirs et des majes- tueuses impressions d'une mort chrétienne. Je recommande mon bon père à vos prières, priez pour moi aussi, et consentez à m'aimer toujours. »

M. Berryer, en parlant de son père, a parlé de lui-même et a été comme l'historien de sa propre mort.

Vers la fin du mois d'octobre, une lettre de la province m'avertissait que M. Berryer allait bientôt revenir à Paris dans un état de santé fort inquiétant. Dès qu'il fut arrivé, je le visitai ; on voulait prendre des précautions pour m'introduire auprès du malade ; en vérité, c'était bien superflu, il n'avait pas peur d'un prêtre, bien moins encore de Dieu. Je le trouvai lui-même, affectueux et religieux,

du reste, sans conscience aucune de la
gravité du mal, se plaignant seulement de
faiblesse, de malaise et d'agitation ner-
veuse. Je lui proposai, dès cette première
entrevue, de se confesser, afin d'avoir
plus de paix et de force, avec plus de
grâce. Il le fit à l'instant, et, après m'avoir
embrassé, il voulut encore baiser la main
qui venait de le bénir. Il me dit aussi, en
m'indiquant du geste le portrait bien
connu placé en face de son lit : « Le P.
de Ravignan est là ! »

Comme je revenais presque tous les
jours, le malade me dit une fois : « Vraiment, je reconnais que la maladie elle-
même est un don de Dieu, parce qu'elle
rapproche les cœurs et surtout parce

qu'elle nous rapproche de Dieu. » Il avait fait mettre devant lui un beau et grand crucifix qu'une main religieuse lui avait offert. Il aimait à invoquer la sainte Vierge et saint Pierre son patron. Entre toutes les prières, sa prédilection était pour le *Salve Regina,* et chaque jour, après un grand signe de croix, il le récitait avec tous les assistants. Cette prière commune dans laquelle nos voix accompagnaient, en la suivant, celle du malade, détermina une fois une scène des plus touchantes. Une personne amie, tout à coup, se déclare vaincue sur place. Il y eut alors des larmes de joie, et le malade tout heureux lui adressa cette charmante parole de félicitation : « En vérité, il ne vous manquait que cela. »

On remarquait, d'ailleurs, à vue d'œil, que toute visite du prêtre était immédiatement le signal d'un mieux dans l'état moral du malade : il devenait plus ferme et plus doux. Ce ne pouvait être, sans doute, un remède contre un mal qui n'en avait pas ; c'était du moins un cordial et un calmant. Ce n'est pas en vain que l'Église a mis cette suave parole sur les lèvres de son ministre : *Pax huic domui!*

Cependant, la maladie suivait son cours, et il était déjà question d'une issue fatale et peut-être prochaine. Il fallait donc recourir aux grands moyens. Le 16 novembre était une date funèbre à Augerville. A pareil jour il avait perdu sa femme : « Ah! disait-il lui-même, j'ai

été, au jour de cette mort si pleine de ré-
signation, de calme, de foi au milieu des
plus vives douleurs, j'ai été frappé d'un
grand et imposant spectacle. Depuis, mon
cœur est plein de ces impressions. » Il ne
manquait donc jamais, même après un
long temps, de faire célébrer à Augerville
un service annuel le 16 novembre, en
mémoire de tous les siens déposés dans le
caveau de famille, et il tenait à payer lui-
même de sa présence la pieuse dette de
son cœur de fils et d'époux.

Il était tout naturel de prendre acte de
cette circonstance, et, dès qu'il lui fut pro-
posé, au nom de tous ces chers souvenirs,
de recevoir les deux grands sacrements
des malades, l'onction sacrée pour les

derniers combats et le viatique divin pour
le suprême passage, sans hésiter un seul
instant, il accepta avec reconnaissance.
Il avait exprimé le vœu d'être administré
par son confesseur lui-même, et M. le curé
de Saint-Roch voulut bien accéder à la
demande qui lui fut faite en son nom.
Toutefois le malade désira remettre la
cérémonie au lendemain matin, afin
d'avoir tout le temps de s'y préparer.

Le 17 novembre, entre 9 et 10 heures,
M. Berryer voulut se confesser une dernière fois. Il tenait à le faire en toute conscience, et vraiment à souhait. Sur sa re-
commandation expresse, toutes les portes
de la chambre furent exactement fermées,
et alors, dans la plénitude de ses facultés,

avec toute la netteté de ses souvenirs et
la franchise de sa religion, d'une voix
ferme, pleine et sonore, il prononce ces
désaveux suprêmes qui replongent dans
l'éternel oubli toutes les défaillances
temporaires. C'était à peine fini, qu'un
prêtre de la paroisse, comme il avait été
convenu d'avance, apportait au chrétien
en détresse le Dieu de toute consolation.
Voici quelques incidents de l'auguste cérémonie. Comme le prêtre allait tracer
l'onction sur la poitrine du malade, celui-
ci, faisant lui-même les apprêts, cherche,
avec une sorte d'anxiété, une médaille
qu'il portait au cou : « Où est donc ma
médaille? Je veux ma médaille! » La
sœur garde-malade cherche et retrouve
enfin la médaille égarée. Il la prend aus-

sitôt, la regarde et la baise sur les deux
faces avec une joie et une piété d'enfant.
Après l'extrême-onction vint le saint viatique. Le prêtre, tenant entre ses doigts
la divine hostie, lui adresse ces quelques
paroles :

« Mon bien cher ami, je vous présente
et je vous laisse le Dieu de votre première
communion. Le reconnaissez-vous ? »

A cette question, le malade, souriant
sans rien dire, fit un grand signe de tête.

« Oui, c'est bien lui, toujours le même,
toujours constant, quand même nous ne
sommes pas fidèles. C'est lui qui pardonne
et qui bénit ; c'est lui qui reste seul quand

tout passe, et qui nous prend et nous
recueille, quand nous nous en allons nous-
mêmes.

« Ah ! mon très-cher fils, laissez-moi
donc aussi vous présenter à lui. —
Seigneur Jésus, celui que vous aimez, celui
qui a toujours cru en vous, qui souvent a
si bien parlé de vous, est malade : *Domine,
ecce quem amas infirmatur*. Rendez-lui
donc la joie et la vigueur de la santé ; en
attendant, donnez-lui la patience et la
douceur dans la maladie ; et enfin, au nom
de Marie, votre mère et la sienne, réser-
vez-lui un jour le bonheur qui n'est point
de ce monde, et cette gloire qui n'est plus
du temps. »

La sainte cérémonie venait d'être terminée, quelques témoins choisis étaient encore agenouillés autour de son lit, quand le malade, étendant les bras, comme pour appeler à lui, s'écrie, d'une voix forte : « Oh ! mes amis, mes amis, où êtes-vous ? » A ce cri, on se lève, on s'empresse, il saisit les mains qu'on lui présente, les baise avec effusion en disant : « Mes amis, que je vous aime ! pardonnez-moi toutes les peines que je vous ai faites. »

Après cette vive émotion, M. Berryer revint presque aussitôt à son calme ferme et serein. Avec une parfaite présence d'esprit, il passa une partie de cette journée, et même de la nuit, à mettre toutes ses affaires en règle ; il déclara nettement sa résolution d'aller se guérir ou mourir à Augerville. La translation était hardie, cependant elle fut jugée prudente : les médecins, qui n'espéraient plus rien à Paris, voyaient peu à risquer à Augerville. Je le revis encore le lendemain 18 novembre, presque au moment du départ. Je le trouvai tranquille et naïvement radieux de s'en aller chez lui. Il pria et je le bénis.

Et quelques jours plus tard, le 24 et le 25 novembre, à Augerville même, je ne retrouvai plus qu'un reste de M. Berryer. La connaissance était devenue vague et intermittente. Cependant, comme j'allais lui faire mes adieux, tout à coup le nuage parut se dissiper, sa physionomie s'illumina encore une fois, et arrêtant sur

moi son admirable regard : « Ah ! mon
cher père, me dit-il, que je suis aise de
vous voir ! Nous allons encore prier en-
semble. » Et aussitôt, ayant fait le signe
de la croix et joint les mains, il récita
lui-même le *Salve Regina* depuis le premier mot jusqu'au dernier. A ces paroles : *et Jesum benedictum fructum*
ventris tui nobis post hoc exilium os-
tende, ses yeux, jusque-là fermés, s'ou-
vrirent et se levèrent au ciel, et à ces trois
dernières invocations : *o clemens, o pia,*
o dulcis virgo Maria, il étendit ses
mains et sa voix devint émue et sup-
pliante. Il ajouta encore quelques paroles pleines de confiance et de paix :
« Je suis bien ici, chez moi, à Augerville ;
je suis débarrassé des affaires et entouré

d'amis. Je me recommande à vos prières. »
Enfin, une dernière fois, je le bénis au
nom du P. de Ravignan.

Peu auparavant, avec la tranquillité de
l'espérance, il venait de dire à un noble et
pieux ami : « Sans désirer la mort, je ne
la crains point. Mon confesseur a dit à
saint Pierre de m'ouvrir les portes du
paradis. »

Le 29 novembre, un des assidus d'Augerville m'écrivait auprès d'un lit de
mort :

« Notre cher et illustre ami s'est éteint
ce matin. Depuis que vous l'avez vu, il
n'a guère retrouvé sa connaissance. Hier

matin, il a complétement perdu la parole, et toute la journée s'est passée dans une cruelle agonie. Vers minuit, l'état est devenu plus calme, et la mort, qui semblait ne pouvoir le terrasser, l'a endormi vers quatre heures. »

Pour moi, après avoir dédié ces lignes rapides à la mémoire religieuse de M. Berryer, je veux écrire une fois de plus la parole de M. de Maistre : Oh ! sainte Église ! les grands hommes t'appartiennent.

Paris, 2 décembre.

PARIS. — IMP. V. COUPY. RUE GARANCIÈRE. 5.

www.ingramcontent.com/pod-product-compliance
Lightning Source LLC
Chambersburg PA
CBHW061228030726
47595CB00004B/1430